Jonathan Estrada

WORD OF THE DECEASED

Translated by
Gustavo Gómez Yamasaki

WORD OF THE DECEASED

Copyright © 2021, Jonathan Estrada
Originally published in Peru as *Palabra de Occiso* (2013)

English translation © 2021, Gustavo Gómez Yamasaki
Introduction © 2021, José Garay Boszeta
Illustration on page 100 © 2021, Ignacio López-Calvo

© 2021, Dulzorada Press
Editor-in-chief: José Garay Boszeta
Email: jose@dulzorada.com
Cover design and layout: Miguel Garay Boszeta
Email: miguel@dulzorada.com
Dulzorada logo design: Bidkar Yapo @nacion.chicha

All rights reserved. No part of this publication may be reproduced, distributed, or transmitted in any form or by any means, including photocopying, recording, or other electronic or mechanical methods, without the prior written permission of the publisher, except in the case of brief quotations embodied in critical reviews and certain other noncommercial uses permitted by copyright law.

ISBN-13: 978-1-953377-02-9 (paperback)
Published by Dulzorada Press
http://Dulzorada.com

Printed in the USA

CONTENTS

Introduction   8

WORD OF THE DECEASED   23

Index of Poems   101

Introducción

Empezaré por decir que la historia del Perú durante los años 1980s y 1990s fue, usando una expresión eufemística, un periodo bastante difícil. Estas dos décadas estuvieron marcadas de comienzo a fin por la incertidumbre, la violencia y la precariedad. Como es bien sabido, el contexto de la violencia política estuvo determinado por el conflicto interno entre dos fuerzas antagonicas principales: por un lado, teníamos al ineficiente y corrupto Estado Peruano, heredero de la parodia de democracia que veníamos arrastrando desde nuestra guerra de independencia (un ya lejano 1821); y por el otro, el fanatismo virulento del autodenominado Partido Comunista del Perú —Sendero Luminoso—, con su visión fundamentalista y apocalíptica de la guerra de guerrillas. La historia del conflicto interno en el Perú ha sido bien documentada, así que aquí solo basta mencionar que desde mediados de los 80s hasta mediados de los 90s, la sociedad Peruana en su conjunto fue testigo y victima de una inclemente cotidianidad. Poblaciones enteras desaparecieron masacradas por el

Introduction

I will begin by saying that Peru's history during the 1980s and 1990s was, to make use of an euphemistic expression, a very difficult period. These two decades were marred from beginning to end by uncertainty, violence and precariousness. As is well known, the context of political violence was determined by the internal conflict between two main antagonistic forces: on the one hand, we had the inefficient and corrupt Peruvian State, inheritor of the parody of democracy that we had been dragging along since our war of independence (an already distant 1821); and on the other, the virulent fanaticism of the self-styled Communist Party of Peru —Shining Path—, with their fundamentalist and apocalyptic vision of guerrilla warfare. The history of the internal conflict in Peru has been well documented, so here it is enough to mention that since the mid 80s up until the mid 90s, Peruvian society as a whole was witness and victim to a merciless routine. Entire populations vanished,

ejercito Peruano o por Sendero Luminoso. Coches bombas explotaron en las calles. Gente húbo que murió de hambre o de una epidemia de cólera. Políticos y dirigentes sindicales fueron asesinados, y un ex-Presidente de la República escapó de la justicia saltando entre los tejados, mientras su sucesor declaraba un autogolpe de estado bajo el cual se suspendían todas las garantías constitucionales. Esta es una historia larga y compleja que esta ahí, para quien desee conocerla. Pero a mi, este sumario recuento me deja una reflexión desde la que desearía partir para empezar a hablar de este libro de poemas de Jonathan Estrada: Nosotros (mi generación es decir, las jóvenes Peruanas y Peruanos que nacimos en la década de los 80s, que crecimos durante los 90s) somos inevitablemente el producto de la crisis económica y la guerra civil. Somos los hijos e hijas de lo que se ha llamado "una década perdida".

Hacia mediados de la decada de los 90s, las cosas parecian haber mejorado relativamente. Después de la profunda crisis, se había podido conseguir una estabilidad económica y política a costa de la apertura (o la subasta, si se quiere) de las empresas y recursos nacionales a los grandes capitales extranjeros (una vieja historia en la historia del Perú). El triunfo de las políticas neoliberales dictadas en el Consenso de Washington (1989) crearon el marco de desarrollo de aquella estabilidad macroeconómica de la cual siempre se ha dicho que, para bien o para mal, debemos conformarnos. Lo que podemos afirmar sin lugar a dudas es que esta transición hizo muy poco para cambiar algunos de los problemas estructurales del Perú, a saber: la desigualdad, la injusticia, la apatía... Para resumirlo en pocas palabras, diremos que el Perú y, por extensión, todas sus esferas públicas y privadas han estado siempre afectadas por una recalcitrante tendencia hacia el desfalco y la corrupción. De hecho, el periodo del segundo gobierno de Alberto Fujimori (1995-2000) fue de lejos el gobierno mas corrupto de toda nuestra historia republicana, y sin exagerar, uno de los periodos mas corruptos en la historia de América Latina (se

massacred either by the Peruvian military or the Shining Path. Car bombs went off in the streets. There were people who starved to death or were killed by a cholera epidemic. Politicians and union leaders were assassinated, and a former President of the Republic escaped justice by fleeing on rooftops, while his succesor carried out a self-coup, under which all constitutional rights were suspended. This is a long and complex history that is there for those who wish to know it. But to me, this brief recount leaves me with a thought I would like to jump off from, in order to talk about this book of poems by Jonathan Estrada: we (my generation that is to say, the Peruvian youths that were born in the 80s, that grew up during the 90s) are inevitably the product of the economic crisis and civil war. We are the sons and daughters of what has been called "a lost decade".

Around the mid 90s, things seemed to have relatively improved. After the profound crisis, both economic and political stability had been achieved at the expense of the opening up (or the auctioning off, if one is inclined) of national industries and resources to large foreign capital (an old story in Peru's history). The triumph of neoliberal policies dictated at the Washington Consensus (1989) created the developmental framework for that macroeconomic stability of which has always been said that, for better or for worse, we must conform to. What we can assert without a doubt is that this transition did very little to change some of the structural problems in Peru, namely: inequality, injustice, apathy... To summarize in a few words, we will say that Peru and, by extension, all of its public and private spheres have always been affected by a recalcitrant tendency towards embezzlement and corruption. In fact, Alberto Fujimori's second term in office (1995-2000) was by far the most corrupt administration in all of our history as a republic, and without exaggerating, one of the most corrupt periods in Latin American

calcula que Fujimori malverso PERSONALMENTE alrededor de 600 millones de dolares).

A pesar del intenso saqueo cuantitativo de los fondos públicos durante este periodo, lo que aquí quisiera destacar es mas bien una transformación de tipo cualitativo en la maquinaria de corrupción. Durante el segundo gobierno de Fujimori, la maquinaria de corrupción estatal/corporativa creó y desplegó una maquinaria mediática de control social que rápidamente se convirtió en un componente esencial de su programa de saqueo generalizado. La manipulación de la opinión publica a través de una prensa servil, asi como la implementación de operativos psicosociales de disuación y la idiotización televisiva aplicada como un arma de distracción de masas, fueron algunas de las tecnologías usadas de mánera coordinada por el estado, como elementos esenciales en su programa generalizado de extracción económica y control social. Y mientras el entretenimiento y la decepción aumentaban, lo hacían también los sobornos, los secuestros y la tortura. Lo que Guy Debord venía prediciendo desde los 1960s, el ascenso de una "sociedad del espectáculo" en la cual la producción de imágenes y simulacros cobraba una importancia central en el desarrollo del capitalismo, encontró su amplio desarrollo e implantación en la sociedad Peruana a fines de los años 90. Es cierto que la sociedad civil reaccionó y el control pretendido nunca llego a ser total. Pero por primera vez los Peruanos sentimos el efecto de un nuevo tipo de tiranía. Este fue el nacimiento de una dictadura mediática que durante los siguientes 25 años habría de ser inmensamente efectiva en el Peru. Desde ese entonces ha sido posible encontrar muy variados ejemplos en las pantallas: grupos musicales y hits manufacturados a favor del régimen, operaciones de bandera falsa, fabricas de trolls y bots partidistas, propaganda ubicua acerca de los beneficios incuestionables del turismo y la minería mientras las poblaciones aledañas a estas locaciones siguen muriendo de desnutrición y envenenamiento con mercurio. La pobreza y la

history (it is estimated that Fujimori PERSONALLY embezzled around 600 million dollars).

Despite the intense quantitative looting of public funds during this period, what I would like to emphasize here instead is a qualitative type of transformation in the machinery of corruption. During Fujimori's second term, the machinery of state/corporate corruption created and deployed a media apparatus of social control that quickly became an essential component of its generalized looting program. The manipulation of public opinion through a sycophantic press, as well as the implementation of psychosocial operations of deterrence and dumbed down television, applied as a weapon of mass distraction, were some of the technologies used by the state in a coordinated fashion, as essential elements in their unitary program of economic extraction and social control. And as entertainment and deception proliferated, so did bribes, kidnapping and torture. What Guy Debord had foretold since the 1960s, the rise of a "society of the spectacle" in which the production of images and simulacra would take center stage in the development of capitalism, found its extensive deployment and insertion in Peruvian society during the late 1990s. It is true that civil society reacted and the intended control was never total. But for the first time, Peruvians felt the effects of a new kind of tiranny. This was the birth of a media-fueled dictatorship that was to be immensely effective for the next 25 years in Peru. Since then, its various productions are readily identifiable by the observant: music bands and hits manufactured in favor of the regime, false flag operations, factories of partisan trolls and bots, ubiquitous propaganda about the unquestionable benefits of tourism and mining, while neighboring populations to these locations are still dying of malnutrition and mercury poisoning. Poverty and exclusion, by the way, do not have much place in the hegemony of the spectacle

exclusión, por cierto, no tienen demasiada cabida en la hegemonía del espectaculo en el Perú, en donde supuestamente todo va muy bien. Por supuesto, esta historia es solo una versión particular y local de un proceso general que se ha desplegado intensamente a nivel global, principalmente en las sociedades más desarrolladas. En las primeras dos décadas del siglo XXI, la maquinaria del espectáculo ha prácticamente tomado el control total del imaginario social. Los aparatos de vigilancia y de producción de imágenes/simulacros han alcanzado un desarrollo e implementación esencial dentro de la maquinaria de acumulación y extracción capitalista. Todo sigue siendo un gran negocio como de costumbre. Solo que ahora, el *Gran Otro*[1] siempre vigila. Y en la actualidad, esta condición quizás sea nuestra única historia en común.

He querido dar este largo rodeo antes de empezar a hablar acerca de estos poemas de Jonathan Estrada. ya que creo que, en principio, cada poema en *Palabra de Occiso* articula a su manera, en distintas esferas de lo público y lo privado, una implacable denuncia frente a esta corrupción que todo lo cubre. Lo que caracteriza a esta actitud de denuncia es un escépticismo generalizado en relación a las imágenes mediaticas, es decir, hacia las representaciones efectivas de valor, verdad y poder/saber establecidos por el discurso hegemónico del capital. En *Palabra de Occiso*, la voz poética se articula a partir de una desconfianza generalizada hacia la "soledad de las pantallas" que "conducen esta nación de ensueño". Al mismo tiempo, se trata siempre de un discurso presencial, consciente de que el testimonio de la corrupción solo puede enunciarse desde la corrupción misma, desde ese mismo contexto alienante que nos agrede y nos empuja al abismo subjetivo de las horas vacías, del trabajo absurdo, de la injusticia en las calles y la miseria. Siguiendo una larga tradición poética que se remonta a los versos viscerales de Charles Baudelaire, Jonathan Estrada escribe estos poemas desde y acerca del mismo ser de la corrupción. Su poesía surge de aquel gran malestar urbano que se

---

1. Zuboff, Shoshana. (2020). El Gran Otro y el auge del poder instrumentario (p 503). en *La era del capitalismo de la vigilancia: La lucha por un futuro humano frente a las nuevas fronteras del poder. (traducción de Santos, A).* Ediciones PAIDÓS. Barcelona.

in Peru, where supposedly everything is going just great. Of course, this history is just one particular and local version of a generalized process that has intensely unfolded on a global scale, particularly in more developed societies. In the first two decades of the 21st century, the machinery of the spectacle has practically taken total control of social imagination. The apparatuses of surveillance and production of images/simulacra have reached an essential level of implementation within the machine of capitalist accumulation and extraction. Everything is still big business, as usual. Only now, *Big Other*[2] is always watching. And today, this condition may be our only shared history.

I wanted to take this long detour before starting to talk about these poems by Jonathan Estrada, because I think that, in principle, each poem in *Word of the Deceased* articulates in its own way, in varying public and private spheres, an unrelenting denunciation of this all-encompassing corruption. What characterizes this attitude of denouncement is a generalized skepticism in relation to mediatized images, that is, towards the representations of value, truth and power/knowledge established by the hegemonic discourse of capital. In *Word of the Deceased*, the poetic voice is articulated out of a generalized distrust towards "the solitude of the screens" that "lead this daydream nation". At the same time, it is always a witness account, aware of the fact that the testimony of corruption can only be enunciated from corruption itself, from that very alienating context that assaults us and pushes us down the subjective abyss of empty hours, of absurd labor, of injustice and misery on the streets. Following a long poetic tradition that goes back to the visceral verses of Charles Baudelaire, Jonathan Estrada writes these poems from and about the being of corruption itself. His poetry emerges from the

---

2. Zuboff, Shoshana. (2015) Big Other: Surveillance Capitalism and the Prospects of an Information Civilization. *Journal of Information Technology 30:* 75–89. doi:10.1057/jit.2015.5
https://papers.ssrn.com/sol3/papers.cfm?abstract_id=2594754

siente en cuerpo y alma. Es por eso que la tonalidad tétrica y cuasi-pesimista que estos poemas exudan tiene muy poco de indignación, y casi nada de retórica. Por el contrario, estos poemas surgen de una reconciliación casi ascética con la tragedia, de una familiaridad con la vergüenza de ser y existir en semejantes disonancias, en esta realidad abrumadora en donde las contradicciones entre las condiciones sociales y sus representaciones alcanzan fracturas propias de la esquizofrenia. Es en este sentido que estos poemas resultan un comentario acertado acerca de nuestra propia condición humana en tiempos del espectáculo ("El tiempo pseudo cíclico consumible es el tiempo espectacular, a la vez como el tiempo del consumo de las imágenes, en sentido estricto, y como imagen del consumo del tiempo, en toda su extensión..."[3]). Hay un gran vacío que se encuentra en el caos de la ciudad, en el colapso de sus voces, en el declive de sus imágenes, en todas sus esferas reales y virtuales. Hay una gran ausencia, pero ¿de qué? ¿Acaso de dios? ¿De tiempo? ¿De vida? Quizás sea el caso que andamos ya por esta ciudad como los muertos vivientes. Y quizás sólo sea posible escribir la poesía de esta gran (ir)realidad desde nuestra propia negatividad, desde esa enorme ausencia del ser que se asemeja tanto a una forma precoz de la muerte.

Es en este punto necesario destacar la imperativa influencia de César Vallejo en los poesía de Jonathan Estrada. Vemos primero la clara influencia del estilo de Vallejo en cuanto al uso del lenguaje. Encontramos, por ejemplo, el registro simultaneo de un vocabulario "alto" y uno "bajo", acentuando los contrapuntos entre arcaísmos, florituras, coloquialismos y vulgaridades. Hay también un claro motivo Vallejiano en la construcción de imágenes que se mueven ambiguamente entre lo onírico, lo personal y lo social. Me parece, sin embargo, que la influencia central de Vallejo encuentra su mejor expresión en la apertura de una dimensión metafísico/existencial a partir del sujeto histórico de la crisis social, es decir, de aquel

---

3. Debord, Guy. (1995). *La sociedad del espectáculo (traducción de Vicuña, R.)*. Tesis 153, p.96. Ediciones Naufragio. Chile. (originalmente publicado en 1967)

city-wide malaise that is felt within body and soul. That is why the gloomy and quasi-pessimistic tonality that these poems exude have very little indignation, and almost none of rhetorics. On the contrary, these poems emerge from an almost ascetic reconciliation with tragedy, from a familiarity with the shamefulness of being and existing in such dissonances, in this overwhelming reality where the contradictions between the social conditions and their representations reach schizophrenic-like fractures. It is in this sense that these poems turn out to be an accurate commentary about our own human condition in times of the spectacle ("Consumable pseudo-cyclical time is the time of the spectacle: in the narrow sense, as the time appropriate to the consumption of images, and, in the broadest sense, as the image of the consumption of time..."[4]). There is a great void that dwells in the chaos of the city, in the collapse of its voices, in the decay of its images, in all of its spheres, real and virtual. There is a great absence, but of what? Perhaps of god? Of time? Of life? It may be the case that we already roam around this city like the living dead. And perhaps it is only possible to write the poetry of this (ir)reality from our own negativity, from that enormous absence of being that so much resembles a precocious type of death.

Here it is necessary to emphasize the imperative influence of César Vallejo on Jonathan Estrada's poetry. First of all, we see the clear influence of Vallejo's style regarding the use of language. We find, for instance, the simultaneous use of a "highbrow" and a "lowbrow" vocabulary, stressing the counterpoints between archaisms, flourishes, colloquialisms and vulgarities. There is also a clear Vallejian motif in the construction of images that ambiguously shift between the oneiric, the personal, and the social. It seems to me, however, that Vallejo's central influence finds its best expression in the opening of a metaphysical/existential dimension arising from the

---

4. Debord, Guy. (1994). *The society of the spectacle (translated by Nicholson-Smith, D.)*. Thesis 153, p. 112. Zone books. New York. (originally published in 1967).

ser humano, el habitante común y corriente de la gran urbe que ama y sufre, que come y defeca. En cuanto a la relación con la figura paternal de dios, frente a la cual Vallejo sufre por su ausencia al mismo tiempo que reniega de su existencia, ésta encuentra en *Palabra de Occiso* una identificación con la omnipresente economía política del capitalismo espectacular ("dios es una moneda... un camarografo... un colico"). Sin embargo, esta influencia central de Vallejo tanto en lo estético como en la político ("Vallejiano al mango", me dijo Jonathan alguna vez) no debe hacernos subestimar la fuerza própia en la voz de Estrada. En este caso, al igual que en gran parte de la poesía Peruana despues de Vallejo, es tal vez en la figura y obra del mítico poeta donde mejor se encuentran las propias condiciones de posibilidad. El aporte de *Palabra de Occiso* es que, apoyandose humildemente en estas mecanicas heredadas, actualiza las perspectivas metafisicas Vallejianas en el contexto moderno de nuestras tecnocráticas sociedades de control.

Para mi que, como Jonathan, he crecido también en el marasmo callejero de aquellos dias, leer estos poemas me trae a la mente la experiencia sensorial de caminar por la Avenida Abancay en el centro histórico de Lima, una de la calles mas sucias y transitadas de la ciudad. Recuerdo el exceso de estímulos, el transtorno de los sentidos. Toda la rudeza de la psicodelia urbana en Abancay. El olor de frituras ambulantes mezclándose con el de la basura acumulándose en la esquinas. La gente riendo, gritando, o pregonando sus mercancías en los semaforos; cada uno escuchando en las radios perdidas una pieza de la esencial estridencia. Y a los autobuses vociferando la infernal sinfonía de sus claxons. Recuerdo a los tinterillos esperando en las esquinas, y a los mendigos observando dulcemente detrás del enrejado que los separa del depravado Congreso de la República. También a sujetos abyectos entregandonos con discreción —por lo bajo— panfletos insulsos que anuncian en

historical subject of the social crisis, that is, from that human being, the run-of-the-mill inhabitant of the big city who loves and suffers, who eats and defecates. Regarding the relationship with the paternal image of god, before which Vallejo suffers due to his absence at the same time he complains of his existence, it finds in *Word of the Deceased* an identification with the omnipresent political economy of spectacular capitalism ("god is a coin... a cameraman... a stomach cramp"). Nonetheless, Vallejo's central influence, both aesthetically and politically ("Vallejian to the marrow", Jonathan told me once) must not let us underestimate the proper strength in Estrada's voice. In this case, just like in much of Peruvian poetry after Vallejo, it is perhaps in the figure and work of the mythical poet where one can best find the very conditions of possibility. The contribution of *Word of the Deceased* is that, humbly relying on these inherited mechanics, it actualizes Vallejian metaphysical perspectives in the modern context of our technocratic societies of control.

For me that, like Jonathan, have also grown up in the street hassle of those days, reading these poems brings to my mind the experience of walking down Abancay Avenue in the historical centre of Lima, one of the dirtiest and busiest streets in the city. I remember the excess of stimulation, the disorder of all the senses. All the harshness of Abancay's urban psychedelia. The smell of street food blending in with the garbage piling up on the corners. People laughing, yelling, or announcing their goods by the traffic lights; each and every one listening on lost radios a piece of essential stridency. And the public buses shouting in a hellish symphony with their horns. I remember those pencil pushers waiting on street corners, and the beggars gently watching behind the gates that separate them from the depraved Congress of the Republic. Also wretched individuals discreetly —on the down low— passing out dull pamphlets

papel barato la oferta creciente de prostitutas. Y una galería poblándose de computadoras e impresoras que incesantes sibilan su estertor binario. Recuerdo a un ladrón que roba y a una madre de familia que llora. Y todo eso mientras detrás de las vitrinas se observa, en paredón infranqueable de pantallas, las imágenes sagradas que nos venden las ideas de lo que es el país, como problema y posibilidad. Que este año el PBI ha crecido 9%, que esto hizo la rubia falsa del momento, que esto dijo tal o cual pimpollo idiota, que los campesinos y los mineros son o bien, ignorantes, o bien, subversivos, porque no entienden nada de macroeconomía. Pantallas sobre pantallas que nos afirman, que nos garantizan que los Peruanos somos y seremos el país mas rico del mundo, porque tenemos nuestra incomparable gastronomía y, en nuestro lado de la historia, la fastuosidad de los Incas y las lineas de Nazca y Machu Picchu. Esto es lo que mas importa, nos dicen, a pesar del odio, el hastío y la pobreza. Todo eso y quien sabe que más al mismo tiempo. Lo recuerdo y siento un poco de nausea, sinceramente. ¿Cómo podría ser de otra manera? Quizás algo de razón tengan. Pero frente a tanta edulcorada propuesta de transhumanidad que nos invade en la actualidad por medio de internet y los teléfonos, declaro que la nausea que me produce esta poesía me sabe, intensamente, como a una forma de resistencia.

José Garay Boszeta.

advertising on cheap paper the growing supply of prostitutes. And a gallery being populated by computers and printers that incessantly sibilate their binary rattle. I remember a thief stealing and a mother crying. And all of this while we witness behind glass displays, on an insurmountable wall of screens, the sacred images that sell us the ideas of what this country is, as a problem and as a possibility. That this year the GDP has grown by 9%, that this is what the fake blonde of the month did, that this is what this or that idiotic hunk said, that the farmers and the miners are either ignorant or subversive because they understand nothing of macroeconomics. Screens upon screens that affirm and guarantee that us Peruvians are and will be the richest country on earth, because we have our incomparable cuisine and, on our side of history, the lavishness of the Incas and the Nazca Lines and Machu Picchu. This is what is most important, they tell us, despite the hatred, the weariness and poverty. All of that and who knows what else at the same time. I do remember and I feel a little nauseous, honestly. How could it be otherwise? Maybe they are somewhat right. But in the face of so many edulcorated proposals of transhumanity that currently invade us via internet and phones, I declare that the nausea that this poetry begets in me tastes, intensely, like a form of resistance.

José Garay Boszeta.

WORD OF THE DECEASED
—2013—

*"Humildemente expresar
Soledades de penitencia..."*

William Wordsworth

*"That humbly would express
a penitential loneliness..."*

William Wordsworth

El rostro del rostro

La soledad de las pantallas
Donde cada quien resulta un cosmos.
Panales de los más distantes universos (de cuervos),
Un babel de quincha que danza
Y se tambalea al ritmo de un botón pulsado.

Las verdades que se dijeron
Se tornaron en el sueño de quienes callaban,
Y los colores pierden distingos
En la ramada de tus suspiros bostezados
Contra ese rostro gigante, esa faz deforme de metálico
    mentón
Que te acoge con sus risas de Sodomas
Y te arrulla con sus senos de lácteo polietileno
Neumático, sintético... sensorial.

Te intento encontrar en el plantío
De las cabezas rapadas y los códigos;
Y mis barras sólo son mis objetos (a crédito)
Y mis marcas las que más gusten y se pierdan en el
    antaño,
De los áticos polvorientos y en desuso.

Me rebalso en esta boca desdentada
Y me enjuago en el sudor de los millones aparentes.
Donde todos decididos, sentados... la historia del olvido
    escribimos.
Y cuando las sirenas resuenen,
Se esconderán los gemidos de las madres

The face of the face

The solitude of the screens
Where each one is a cosmos.
Honeycombs of the most distant universes (of crows),
A dancing jumble of wattle and daub
And it sways to the rhythm of a pressed button.

The truths that were said
Turned into the dream of those who were silent,
And the colors lose distinction
In the treillage of your yawned sighs
Against that giant face, that deformed visage of metallic
  chin
That embraces you with its Sodom laughter
And it lulls you with its breasts of milky polyethylene
Pneumatic, synthetic... sensorial.

I try to find you in the garden patch
Of the shaved heads and the codes;
And my bars are just my objects (on credit)
And my brands the most well-liked and lost to
  the yesteryear,
Of dusty attics in disuse.

I overflow in this toothless mouth
And I rinse myself in the sweat of the apparent millions.
Where everyone resolute, seated... the history of oblivion
  we write.
And when the sirens resound,
The moans of mothers will hide

Los sollozos de los fieles
Y los rezos desprendidos del magneto.

Y surgirán las incógnitas doradas.
Las que responden al silencio,
Las que mascullan en tus hojas amarillas
¡Porque se acabó el tiempo de parla!
Y el estrépito se interpuso entre mi corazón y tus
   lágrimas,
Donde tocaba el talle violeta y acurrucaba mis vellos
Al ritmo de las teclas ante la luna rosada.
Todo sin tiempo, todo en tardes de adviento.

¿Ahora te arrepientes?
Sudoroso ante tu clan de pantalla (¿resolución
   maximizada no?)
Acorralado de tanto, de mucho, de hastío…
Gobernado por el placer automático
Donde se suspira boca abajo,
Donde el olor pasó a ser rincón de diccionarios.

The sobs of the faithful
And the detached prayers of the magnet.

And the golden unknowns will emerge.
The ones that answer to silence,
The ones that mutter in your yellow leaves
Because the time for chattering is over!
And the racket stood in the way between my heart and your tears,
Where I touched the purple waist and nestled my hair
To the keyboard's rhythm before the pink moon.
Everything without time, everything in Advent afternoons.

Now do you regret it?
Sweating before your screen clan (maximized resolution no?)
Cornered by so many, by so much, by weariness...
Governed by the automatic pleasure
Where one sighs face down,
Where the smell became a cranny of dictionaries.

Credo

dios es una moneda,
Que abulta templos y centavos
En la colina de las cantatas
Y los reflectores en abundante secuencia.
Para ser desde su ruma
Monumento de envidia y monolito de penitencia.

dios es un camarógrafo,
Que retrata el disimulo con brillo y sin contraste.
Y en perspectiva de mundano
Ve los murales sin grietas
Simulando con matices el cuarteado fondo de perpetuas quejas,
Para exponer en verbenas
La tarúpida secuencia,
De elogios a la incoherencia.

dios es un cólico.
Que se olvida con oraciones, que pueden beberse los domingos
Y preguntarse entre gemidos de una selva en perpetuo correteo
Y cornetas del Medioevo,
Para así ser más un hombre derecho.

Ay dios, eres tan pantalla y tan suela
Que hasta te creemos coincidencia y venturas.
Ya sabemos que las hojas se caen al ritmo del viento entre brumas.

Creed

god is a coin,
That stuffs up temples and cents
In the hill of the cantatas
And the floodlights in abundant sequence.
To be from its heap
Monument of envy and monolith of penitence.

god is a cameraman,
that photographs concealment with brightness and without contrast.
And in mundane perspective
Sees the murals without cracks
Simulating with hues the cracked background of perpetual
  groans,
To exhibit in festivities
The moronic sequence,
Of praises to incoherence.

god is a stomach cramp.
That is forgotten with prayers, which can be drunk on
  Sundays
And wonder between moans of a jungle in perpetual
  chase
And Medieval bugles,
In order to be more of an upstanding man.

Oh god, you are such a screen and such a sole
That we even believe you to be coincidence and fortune.
We already know that the leaves fall to the wind's rhythm between
  hazes.

NémA

He olvidado el sabor de aquel cáliz de ambrosía,
Que ignoto en aromas o colores me embargaba las sienes
Por extirpar los mantelitos de las piernas de cría,
O de enrostrar el orín del sueño acomodado en la acera
Siendo eterna la labor del carbón amando la superficie de brea.

De dicho almíbar en cicuta;
Encontrar los patios de múltiples salidas parecía aquella costumbre
De reclinarse los domingos, y rampante los demás días,
Echarse en desmoronado goce por ser útil de mentira.

Más, al lóbrego sosiego
Se han sentido extensas las cortinas
Y en extremos de gangrena se han mutilado los orígenes
Como si el terreno del volver se hiciera una acostumbrada ida
Que en sauna de linaza
Dicta el decálogo de:

      I.   Hincharse más y tener panza de preñada chiva,
     II.   Lustrar la frente y en súbdita presencia servir de rueda a la calesa,
    III.   Regar de pétalos las lápidas de absurda presencia,
    IV.   Dar jolgorio en los días rojos con sensata demencia.

NemA

I have forgotten the taste of that ambrosia goblet,
That ignorant of scents or colors it filled my temples
For removing the little tablecloths from the young's legs,
Or for confronting the comfortable dream's urine on the sidewalk
Loving the surface of tar being coal's eternal
  labor.

Of the aforementioned syrup in hemlock;
Finding the courtyards with multiple exits seemed like that
  habit
Of leaning back on Sundays, and rampant the rest of the days,
To lie down in crumbling enjoyment for pretending to be useful.

What's more, on dreary calm
The curtains have felt vast
And in extreme gangrene the origins have been maimed
As if the terrain of returning turned into an ordinary
  journey
That in flaxseed sauna
Dictates the decalogue:

    I.   To swell up more and to have a belly like that of a pregnant goat,
    II.   To polish one's forehead and in subservient presence serve as a wheel to the calash,
    III.   To shower the tombstones of absurd presence with petals,
    IV.   To provide merriment on red-letter days with sensible insanity.

V.   Yantar el hervido muslo del cuadrúpedo doméstico,
VI. Y hacer fila ante la briosa plaza del ecrán;
VII. Para en el púlpito altísimo recibir a latigazos el perdón
VIII. De nuestros delitos necesarios en el decatlón;
IX. Que recibe un sereno descanso acostumbrado en edredón
X.   Sin haber perdido, obviamente, el ritmo, la sal y el tonto son.

Que así sea.

V.   To partake of the domesticated quadruped's boiled thigh,
VI.   And to wait in line before the spirited screen's plaza;
VII. In order to welcome lashes for forgiveness in the towering pulpit
VIII. Of our necessary crimes in the decathlon;
IX.   That receives a serene rest on a quilt, as usual
X.   Without having lost, obviously, the rhythm, the salt and the foolish pace.

So be it.

La muerte de marzo...

Los casquillos de LA NADA se erigen macizos
Sobre el panteón de luces ocres sin tarde.
Y destellan sus fluorescentes nombres
De anónimas espaldas sudorosas
Y cabellos pulcros bien asociados.

Se extienden en una llanura púrpura
Rebalsando el brillo oscuro de los montes olvidados
Y embadurnado en plástico centeno;
La vereda de las arritmias transas
Y la confianza de 60 días, con cargo al embargo del sueño
Y la cúspide sin mérito.
No llegarás. No... llegarás.

Palacios infinitos del extracto sucinto
Que comprime el trato y los buenos silencios
Para dar paso al bólido decreto
De las carnes saturadas y la prenda ceñida en falso pecho
Y el plástico cuerpo anhelado
Y el eterno vivir sin recaudo ni descanso
Y el reparo por lo pausado.
Que a fin de cuentas será un pecado adicionado.

Porque las leyes ya no vienen de las tablas
Sino de las actas selladas del anonimato,
Que se escurre, se zambulle y te percude;
Hasta el haber soñado con volar...
Porque el vuelo es metálico,
Y el nado un eco de lo que fue un espacio llamado sueño.

The death of March...

The casings of NOTHINGNESS arise sturdy
On the eveningless cemetary of ochre lights.
And their fluorescent names flash
Off anonymous sweaty backs
And clean hair strands well associated.

They extend on a purple prairie
Overflowing the dark shine of the forgotten hills
And smeared on plastic rye;
The sidewalk of the cheating arrythmias
And the trust of 60 days, seizing the dream as collateral
And the meritless summit.
You won't arrive. You won't... arrive.

Infinite palaces of the succinct extract
That compresses manners and good silences
To give way to the swift decree
Of the saturated flesh and the tight-fitting garment on false breast
And the longed-for plastic body
And the eternal living without caution nor rest
And qualms for things unhurried.
That will ultimately be an added sin.

Because laws do not come from tablets anymore
But from sealed records of anonymity,
That drains, submerges and tarnishes you;
Until having dreamed of flying...
Because flight is metallic,
And swimming an echo of what once was a space called dream.

Porque el beso está en vitrina
Y el amor a un tris de vivirse en foto,
Sonriendo en pálido intento.
Pues todos tienen que verlo
Y no hay peor eco que el rumor del cero.

Cuentos jurásicos serán mis patios
Donde el redor eran mis ojos cerrados
Y el regate en pista un estadio lleno.
Allí va por la ruta desahuciada la manera de recordar
Que ahora sólo va fotografiada.

La clase de los que sobran hoy abunda
Y la mística mirada de los horizontes vírgenes
Es la pradera de las antenas
Y sus danzas sin mañana...

Avance, hay luz verde siempre... siempre.

Because the kiss is on display
And love on the brink of being lived in photograph,
Smiling in pale attempt.
So everyone has to see it
And there is no worse echo than the murmur of zero.

Jurassic tales will be my courtyards
Where the milieu was my eyes shut
And the swerve on the road a filled stadium.
There it goes by the terminal route the way to remember
That now goes only photographed.

The class of those who are left behind today abound
And the mystical gaze of the virgin horizons
Is the meadow of the antennas
And its dances with no tomorrow...

Move forward, there is a green light always... always.

Oficios

Sencillo y razonable...
Eso de no querer la sangre en tus paredes.
Ni salpicadas las importantes pérdidas de tiempo
Con cargo explícito al aburrimiento
Y ese sosiego del sellado y recibido
De la monumental mañana olvidada a luces blancas.
Entre lo que estorba tantas horas de lo auténtico.
Y regodea el diálogo tétrico de los buenos ejemplos.
Pues bien sabrás que no soy de tu estirpe
Ni tú de mi escondrijo añejo.
Basta escribir esta carta mutilando a cada miembro
De esa oficina celeste a la que nunca he de dejar de
   volver.

Abultado el pecho, expandido el culo
Enamorada mi ancla del sillón inerte
Frente al espejo de los entendidos inexplicables
Explaye codos y concéntrese en olvidar,
Y borre la coma y atentamente; dos puntos:

Atención, Señor regente.-
Sírvase usted saber que el río no ha mojado
Y el cauce aún me arrastra a las montañas
A querellar frente a su inmensidad (tan pequeña)
Para desistir de ser nombre de cuatro cifras en mitades (a veces
retardadas)
Y jugo de naranja y nudo Windsor
Con zapatito lustro de cuello percudido
Y todos los buenos días
Y mis más sinceros olvidos

Professions

Simple and reasonable...
That thing about not wanting blood on your walls.
Nor splattered the important wastes of time
With an explicit fee to boredom
And that appeasement from the stamped and received
Of the monumental morning forgotten to white lights.
Between what hinders so many hours of the authentic.
And relishes the dreadful dialogue of the good examples.
For as you well know, I am not from your lineage
Nor you from my timeworn hideout.
It suffices to write this letter mutilating every member
Of that azure office to which I'll never stop
   returning.

Breast swollen, asshole extended
My anchor in love with the lifeless couch
Before the mirror of the inexplicable understandings
Spread your elbows and focus on forgetting,
And erase the comma and yours truly; colon:

                                        Attention, Mr. regent.-
                     Please know that the river has not soaked
           And its course still drags me towards the mountains
                 To bemoan in front of its immensity (so little)
       To desist from being a four-digit name in halves (sometimes
                                                delayed)
                         And orange juice and Windsor knot
                       With tarnished collar polished shoes
                               And every good morning
                       And my most sincere oblivions

*Y los cordiales pero poco atentos
Sin ningún particular.*

*Sepa usted oh nuevo dios
Que el vilo de mis molares caídos me corroe menos
Que ese reporte en azul que reclama,
Y bien puede irse por el buen camino de las mayores mierdas...*

*Poco atentamente,
Su perro.*

*And those earnest but hardly attentive
Without nothing further to add.*

*You should know oh new god
That the angst of my fallen molars corrodes me less
Than that report in blue that demands,
And you may well go on the right track of the uttermost horseshit...*

*Not yours truly,
Your dog.*

Te Deum

La traición vista en el espejo.
El remedo de una silueta diluyéndose
En puñados de arena disgregados al olvido.
Y el mentón incólume postrado a las orillas del desencanto
Girando y girando...
Allí donde el merengue sabe a nada
Y la sonata solo te zumba la oreja;
Haciéndose cuarteado monumento del desprecio
Olvido del forastero.

Templos en escombros
Iglesias en cenizas
Y catedrales mohidas;
Conducen esta nación de ensueño
Que se recorre apabullando las cáscaras de rostros tupidos
    al ventanal
Meándosele cuando se puede
Bailándosele en aquelarre.

Pero la efímera fantasía
En su inocencia rosada, de eterna inocencia
Se olvida de lo amargo del matecito en madrugadas,
Y los corceles de sepia
Invaden el recodo de tu bolsillo
Y exprimen los rincones de tu esencia;
Hasta hacerte cadalso sepultado.
Rúa de memoria digital
Que se pinta de plomo
Y puede verse cayendo en la obediente columna a cubrirse;
Domino espantoso del circo de los payasos muertos.

Te Deum

Betrayal as seen in the mirror.
The parody of a diluting silhouette
In handfuls of sand scattered into oblivion.
And the unscathed chin prostrated at the shores of disillusionment
Spinning and spinning...
There, where meringue tastes of nothing
And the sonata only buzzes in your ear;
Becoming a cracked monument of contempt
A foreigner's oblivion.

Temples in rubble
Churches in ashes
And moldy cathedrals;
Lead this daydream nation
That is traversed by dumbfounding the peels of thick faces out
  the window
Pissing on it when one can
Dancing on it in covens.

But the ephemeral fantasy
In its pink innocence, of eternal innocence
Forgets about the bitterness of tea infusions at dawn,
And the steeds in sepia
Invade the bending in your pocket
And wring out the corners of your essence;
Rendering you into a buried gallows.
Road of digital memory
That is painted in gray
And can be seen falling into the obedient military formation;
Horrific dominoes of the circus of dead clowns.

¿Cuánta migaja es necesaria para hacernos acólitos de la bomba
Y el aderezo de sopa de piedra en flema?
¡Salve al Cristo de plutonio
Que nos vigila del pecado de ser vivos!

¡Ave mercado y etcéteras
Que nos das laburo en cada día!

How many crumbs are necessary to turn us into acolytes of the
   bomb
And the seasoning of stone soup into phlegm?
Hail the Christ of plutonium!
That keeps us from the sin of being alive!

Hail Market and etceteras
That brings us a job every day!

Vómito de Remo

Que se conozcan las frutas...
Todas las que decepcionan;
Porque allí abajo está mi semilla para decir que nada
 crece,
Mi cana fosforescente que no brilla
Y que lastima hasta a la lágrima.

Sé que no hay vuelta ni se darán las revueltas
Esas necesarias yemas mal fritas que se rebalsan...
En tus comisuras, en tus uñas rancias
Y tus gemelos brillantes y fríos bajo el hedor.

Que se oculten los libros que pertenecen a los rincones,
A las lecturas en penumbra que denuncian
Lo anticuada que es la tecnología de las retinas
Que se queman sólo por seguir y seguir leyendo,
 sufriendo, riendo.

Que se respeten, digo, formalmente...
Las miserias tendidas, los jazmines azules,
Y los módicos rituales de la danza y el sosiego;
A fin de cuentas, siempre se ha amado con voluntad de
 arder sin presencia
En los pasados transparentes, del perfume de tu recuerdo.

Cuerda tensa que suaviza mis condolencias...
¡Y esa palmada al hombro tan chata!
Que pretende pero no se preocupa.
No se preocupa de cargar al muerto por todas partes

Remus's vomit

Let the fruits be known...
All the ones that disappoint;
Because my seed is down there to say that nothing
   grows,
My fluorescent gray hair that does not shine
And that hurts even my tears.

I know there is no turning back nor will there be riots
Those necessary badly fried yolks that overflow...
In the commissures of your anatomy, in your rancid fingernails
And your cold, shiny cufflinks underneath the stench.

Let the books that belong to the corners be hidden,
To the readings in the shadows that denounce
How antiquated is the technology of retinas
That burn just by keeping reading and reading,
   suffering, smiling.

Let them be respected, I mean, formally...
The hanging miseries, the blue jasmine,
And the modest rituals of dance and quietude;
After all, love has always done so with the will to
   burn and without presence
In transparent pasts, of your memory's perfume.

Taut rope that softens my condolences...
And that pat on the shoulder so flat!
That pretends to but does not worry.
Does not worry about carrying the dead everywhere

En los pasadizos, en tus pasadores, en el helado disuelto
 por la encía podrida.

Yo llevo esos dolores como fragancias pálidas
Yo estoy cagando y ellos son cubetas rellenas de sueños
 sin colcha,
Rumor entre licores, cuchicheo de ruleros viejos.
Porque ahora todos son buenos...
¿Cómo mi cáustico babeo de puño al suelo?

O acaso no he matado también quedándome mirando el
 umbral...
Allí de lejos decidiendo lo que no se hace
Entre luces cadmias, luces bocas, luces niñas.

Hay amor, lo sé...
Pero se escribe con arena sin playa,
Con luna extraña y pulso de morgue sin colorete.

Ese lobo está debajo de la muerte aciaga, acechando...
Quizá quiera peinarnos con sus sabias babas
Volviendo al templo de la mama
Al lecho, al licor de seno.

In the halls, in your shoelaces, in the ice cream dissolved by the rotten gums.

I carry those pains like a pale fragrance
I am shitting and they are buckets filled with dreams and
    no blankets,
Mutterings among liqueurs, chitchatting of old hair rollers.
Because everybody is good now...
Like my caustic drooling with my fist on the ground?

Or have I not also killed by keeping staring into the
    threshold...
Deciding from a distance what is not allowed
Amongst cadmium lights, mouth lights, child lights.

Oh my love, I know...
But it's written in beachless sand,
With a strange moon and a morgue's pulse without lipstick on.

That wolf is underneath the dreadful death, stalking...
Perhaps it wants to comb us with its wise slobber
Returning to the temple of the teat
To the cradle, to bosom's liquor.

Susurros negros

La parca, ese anhelo, ese estorbo, ese desliz de dios...
Esa canción que pocos deciden canturrear,
Y esos segundos perdidos cual horas
En los papeleos que pican en el recto,
Y se esconden con postura.

Los trastes enviados al tumulto a la misma hora
Y e trajín tan soso que recorre las venas adiposas,
Los asientos compartidos y el tallarín al paso.
Las filas adornadas de pacientes horas laaargas,
La colina ocre, el reclamo a la nada.

Pierdo el tino de enhiesta respuesta
Ante el hoyo latente de tus navajas abiertas
Y yerro el lanzamiento más sencillo
Para decepción de las gradas colmadas de vacío.

La parca, ese anhelo prescrito
Esa citación bajo la puerta que desliza las cuentas
Hasta hacerlas desayunos borrosos.
Ese estorbo que liquida el chupetín fantasioso
Y lo pone de plano en maratón de ancianos
Con mochos escribiendo, y cojos escalando
El panteón mundano de la pantalla cargando.

El juguete que se rompe tras la vitrina de no usarlo,
(Sigue chupando nene... el dedo basta)
Mientras los bólidos cheques se enrostran en tu frejol
  canario.
Juega sólo el corredor de un solo caño.

Black whispers

The grim reaper, that longing, that hindrance, that blunder of god...
That song that few decide to hum,
And those seconds lost like hours
In the paperwork that itch the rectum,
And are hidden with posture.

The dishes sent to the turmoil at the same time
And the dull hustle and bustle that traverses the adipose veins,
The shared seats and the noodles to go.
The lines decorated with patient looong hours,
The ochre hill, the complaints to nothingness.

I lose the good sense of upright response
Before the latent pit of your open razors
And I err the simplest of throws
Disappointing the bleachers filled with emptiness.

The grim reaper, that prescribed longing
That indictment under the door that slides the bills
Making them blurry breakfasts.
That nuisance that liquidates the fanciful lollipop
And lays it flat in a seniors' marathon
With the handless writing, and the lame-footed climbing
The mundane graveyard of the loading screen.

The toy that breaks by lack of use behind the display,
(keep sucking baby... just the finger)
While the swift checks are blamed on your canary
  beans.
The single spigot alleyway plays alone.

Ese desliz de dios que creen se remedia
Con credos hasta el infinito,
Y los pulgares casados con tu frente;
Que se gasta de tantos padrecitos susurrados.
Esa canción que pierde sonata como la tiza inútil
En el paredón verde que nadie atiende.

Ese retraso que te agobia hasta cortar la giba del puerco sonriente,
Esa solución magna que respeto y que atollo al tirar de la cadena,
Ese pararme cada día, cada hermoso día
En el umbral de la cornisa;
Y mirar los cuervos, cara a cara... siempre al acecho.

That blunder of god they believe will get fixed
with creeds towards infinity,
and thumbs married to your forehead;
That wears out from so many whispered prayers.
That song that loses sonata like a useless chalk
On the green wall which no one tends to.

That delay that overwhelms you to the point of cutting off the
   smiling pig's hump,
That supreme solution that I respect and clog when I flush the
   chain,
That standing up each day, each beautiful day
On the ledge's threshold;
And watch the crows, face to face... always stalking.

Lánguido

Débil...
Como la gota suspendida de la hoja en el crepúsculo de un
  rocío discreto
Que ayunamos sin haber pegado el ojo
Siendo posesos de la quietud de esa ventana
Donde los hombres van concretos, derechos,
  consumados...

Cuán lejos hemos de encallar;
Del aplomo y el prestigio,
Del sudor sin sentimiento de bicho,
Descascarándonos...
Tras la ventana, tras el haz del sereno suspendido
Tan madera al viento.

La salida no ha tenido siquiera entrada
Y aprendiendo a deambular
Con la suela repleta de apartados ignotos, y caca;
Se afina nuestra brújula de un remallado desvarío
Como a tientas en tinieblas de cegueras ramadas.

Sopor de multitudes
Envuelto en nuestro gélido catado
Gritando ¡tierra! Una vez revueltos
Tras los cientos de naufragios sin puerto
Hojas gélidas...
A punto de escaparse al olvido del bote sin remo.

Languid

Weak...
Like a droplet suspended on a leaf in the twilight of a
 discreet morning dew
That we fast without getting any shuteye
Possessing the stillness of that window
Where men go concrete, straight,
 accomplished...

How far must we run aground;
From composure and prestige,
From sweating without feeling like a bug,
Getting peeled off...
Behind the window, behind the beam of suspended dew
So much like lumber to the wind.

The exit has not even had an entrance
And learning to wander
With my sole packed with unknown hinterlands, and crap;
Our compass tunes up from an overclocked derangement
Like groping in the darkness of bowering blindness.

The drowsiness of multitudes
Wrapped in our icy tasting
Yelling, land! Once scrambled
After hundreds of shipwrecks and no harbors
Icy leaves...
On the brink of escaping to the oarless boat's oblivion.

Correspondencia al ser

La cojudez de la existencia,
Esa magra sensación de recaer entre muros y abrazos
De perfecta sensación ignota y repetida sordidez.
Donde un mundo habita otro mundo
Y un espacio es péndulo de memorias frías,
Y corazones estrechos en medio de una sola afirmación:
La lágrima.

Porque en el día enhiesto de los islotes al hoyo
Y las medias descocidas y los pensamientos en frío,
Se revuelcan los buses y los cánticos de humo
De la rúa púrpura y digital
Donde habitan los números sosegados
Entre jaulas y montones de sapiencias al borde
De una ilimitada expresión de la cuerda tensa que explota
Y te seduce entre tumores y harinas
Que se caen suavemente por entre tu vientre
Y rebasan el sereno meretricio de la suela y el andar
Para acoger nuevamente el estupor de estar vivo
Y reducirse a volver al silo, o como bien
  se ha descrito...
A la lágrima.

Y devastado el ánimo de la rectitud
Se deshace el molde y comienza el arrabal de mentiras
Y el coloquio frente al vaso
Descociendo las fronteras de lo solitario
Y arrullando el monocorde silbato que te obliga al
  despertar,

Correspondence to being

The fucking nonsense of existence,
That meager sensation of relapsing between walls and embraces
Of perfect unknown sensation and repeating sordidness.
Where one world inhabits another world
And a space is a pendulum of cold memories,
And narrow hearts in the middle of a single affirmation:
Tears.

Because on the elevated day of the discarded islets
And the unraveled socks and cold thoughts,
The buses flip over and so do the smoke chants
On the purple and digital street
Where the mollified numbers inhabit
Amongst cages and piles of sapience on the brink
Of a taut rope's limited expression which explodes
And seduces you amidst tumors and flour
That gently fall around your belly
And overtake the serene whoredom of soles and walking
To again embrace the astonishment of being alive
And lower oneself back into the silo, or as it's been
 properly described...
Into tears.

And with the spirit of righteousness devastated
The mold dissolves and the shantytown of lies begins
And the colloquy in front of the glass
Unstitching the boundaries of solitude
And lulling the monochordic whistle that forces you to
 awaken,

Y el eco, y la repetición y los bises
Y la copia de la copia en bostezo cafeinado,
Que reclama el sobre de las cuatro cifras
Y justifica la invención de la aceptación
Como espejo de lo sórdido y sordo de uno mismo en pugilato.

Y el coral de resquemor
Entre la lluvia de personajes en elipsis
Y el tedio de lo conspirado entre tu pantalla y el orbe,
Cuantificado el seso entre maniobras y cereales,
Todo pardo, todo caqui, todo esbelto, todo táctil.
Moño escueto el del vacío reflecto entre tu sombra y mis labios
Entre tu estela y mi adversario, que soy yo, y yo...
Y mis lágrimas.

Y el ser deambula, y se choca y se estrella
Entre rumbos y péndulos
Frustrando el motivo de lo que habita como escozor,
Y responde de vez en cuando...

And the echo, and the repetition and the encores
And the copy of the copy on caffeinated yawn,
That demands the four-digit envelope
And justifies the invention of acceptance
Like a mirror of the sordidness and deafness of oneself in
  a punching match.

And the choral of resentment
Amongst the rain of characters in ellipsis
And the tedium of the conspired between your screen and the globe,
Quantified brain between maneuvers and cereals,
All brown, all khaki, all slim, all tactile.
The stark topknot of the reflected void between your shadow and
  my lips
Between your trail and my adversary, that is me, and I...
And my tears.

And being perambulates, and crashes and smashes itself
Between pathways and pendulums
Frustrating the motive of what inhabits like a stinging,
And answers every now and then...

La balada insomne

I

Visito las memorias más agudas...
Y no veo destello de semejante hondura.

Fríos en el escaparate;
Y biombos entre sábanas
Silencios calcados, y cínicos desaires entre manos.

Voy zanjando el arrepentimiento
Y la cúspide de los errores se yergue;
Martes sigue siendo martes
Y jueves sigue siendo sólo un jueves.
Porque el deleite del abrazo se hizo bisiesto
Y el reparo ante lo ignoto se hace humareda cama
   adentro.

Cómo no intentar el rescate
De las uñas en medio del océano
Y cómo no concluir sin escape
Si tuviéramos menos espejos.
El gran sisma ha sido mi sabor de cenicero
Y el aguardar que pase lo mismo casi contento.

Cuerpos en sesión sin monumento boquiabierto,
Almas de la mano perdidas con mapa en cuarto,
Niños amontonados y ningún cuchillo cortando las manos,
Mudos arcabuces en un simple resfriado;
Un menudo crack sin colorín colorado.

The sleepless ballad

I

I visit the sharpest of memories...
And I do not see a flash of such depth.

Cold in the wardrobe;
And partitions among sheets
Identical silences, and shameless slights at hand.

I'm squaring up regret
And the peak of mistakes stands tall;
Tuesdays are still Tuesdays
And Thursdays are still just Thursdays.
Because a hug's delight was made quadrennial
And the objection before the unknown turns into a live-in
  cloud of smoke.

How could we not attempt a rescue
Of the fingernails in the middle of the ocean
And how could we not conclude without escape
If we had less mirrors.
The great schism has been my ashtray flavor
And awaiting for the same to happen almost content.

Bodies in session without an open-mouthed monument,
Souls holding hands lost inside a room with a map,
Children piled up and no knife cutting any hands,
Muted arquebuses in a simple cold;
Quite a good sport without a happily ever after.

II

El eco de tacones silenciosos
Rompiendo el rumor antiguo del terruño
Como balas de hilo, como dagas de incienso;
Extendiendo el vacío de la mística estuvo en regazos mudos
Y las colillas que siguen esgrimiendo el concepto más pronto:
Porque hay cenizas y preguntas que quedan.

Alcoba de ausencias, y oníricos desencuentros.
El relicario de tu nombre, sesgado en la ventana
Y el caminar sin sentido del destino quebrado
Cuánto momento que retumba sin dejar el aroma de las risas;
Risas que hoy se voltean y encumbran hasta lastimarse.

El cirio fue más que puro, recio
Pero en su condición de llama hoy se retuerce al viento
Brisa de los nudos encontrados en la misma dársena
Ajada, apolillada, remansa, fría...

Hasta cuándo el mismo estribillo que no nace
Termina por matar la estrella.
Cuánta melodía (susurrada y agitada); se escondió bajo los fríos pasos de este insomnio.

Deambulo y choco conmigo
Y me interesa un bledo seguir la retórica de los niños bonitos
Guárdense sus juicios para el momento en que lo aprecien

II

The echo of silent high heels
Breaking the ancient rumor of the homeland
Like bullets made of thread, like daggers made of incense;
Stretching the void where mysticism was in muted
   laps
And the cigarette butts that keep fencing the earliest
   concept:
Because some questions and ashes still remain.

Bedroom of absences, and oneiric disagreements.
Your name's shrine, slanted on the window
And broken fate's senseless walking
How many moments resound and leave no scent of
   laughter;
Laughter that today turns over and peaks out to the point of hurting.

The candle was more than pure, strong
But in its condition of flame now writhes in the wind
Breeze of found knots in the same dock
Shabby, moth-eaten, backwater, cold...

'til when will the same refrain that goes unborn
Ends up by killing the star.
How many melodies (whispered and shaken); hidden under
   the cold footsteps of this insomnia.

I wander and run into myself
And I could care less about continuing the rhetoric of pretty
   children
Save your judgement for the moment you learn to appreciate it

Me estoy deshojando por seguir siendo caspa
Desollando por las lágrimas de arena que recaudan vacías palestras.

Malecones, cuarteluchos, vereditas, y el frío acalorado de las esquinas;
Todo se revuelve en el mantel sin margaritas,
En los dibujos sin marco que bailan pretéritos.
Óyeme todo lo que callo.
Me merezco menos que lo menos.

III

De rastras
En cuclillas
Bajo las lozas frías
En babas
En algodones
¡En el labio frío de tu ausencia!
El colmillo de tu espalda se desvanece entre la búsqueda torpe de la mano esquiva.
Oh noche desvelada
Recuerdo esculpido...
Pintura de carne a cada paso...
     Paso...
      Paso...

I am withering away for still being dandruff
Flaying due to tears of sand that collect empty
  arenas.

Esplanades, dingy quarters, little sidewalks, and the heated cold of
  the corners;
Everything is shuffled on the tablecloth without daisies,
On the frameless drawings that formerly danced.
Hear everything I keep silent.
I deserve less than the least.

III

Dragging myself
Squatting
Underneath cold crockery
In drool
In cotton
In the cold lips of your absence!
Your back's fang vanishes between the clumsy
  search of the aloof hand.
Oh sleepless night
Sculpted memory...
Painting of flesh with each step...
                            Step...
                                     Step...

Gruta azul (el silbido de las grietas)

Escurrido de ojo
Y boyante el cuerpo ante las efímeras palmas
Vibra la lentejuela plateada
En las exhaustas carnes
Y gime en la danza condenada
Rodeada de nadie y aplaudida
Entre luceros ebrios,
De mayúsculos forajas.

Se escupe en sincronía con las horas
Y recorre los tactos en pro de alguna dádiva oscura
En el umbral de una inocencia ignota
En ese columpio obsceno de los roces
Y las transas entre copa...

Y allí está en sus tímidos treces
En sus buenas noches de colirio.

Rebotando de esquina en esquina
De un bulto escondido a la angustiada malta
De salivazos enfermos que la esculpen
Y la derrotan en cuclillas sugerentes...
Donde aborda el fétido aroma
De braguetas azarosas
Y muñones maltrechos.

Y pensar que la escuela fue la primera bengala
Del patio novel al traste de los confines de
  la casa...

Blue grotto (The hiss from the cracks)

The eye drained
And the body buoyant before the ephemeral clapping
The silver sequin vibrates
On the exhausted flesh
And it moans in the wretched dance
Surrounded by no one and applauded
Among inebriated stars
Of majuscule hoodlums.

One spits out in synchrony with the hours
And traverses the touching in favor of some obscure alms
In the threshold of an unknown innocence
On that obscene swing of groping
And tricks in between drinks...

And there she is in her bashful thirteens
In her collyrium good nights.

Bouncing from corner to corner
From a hidden lump to the distressed malt
From sickly gobs of spit that sculpt her
And defeat her in suggestive squats...
Where foul scents come aboard
From venturesome zipper flies
And injured stumps.

And to think that school was the first sparkle
From the novice playground to the rubbish in the confines of
   the house...

Pues se hubo entregada al techo eterno
Y no se vio jamás ese espejo resuelto
Sino el empaño devuelto de un reflejo diluido.

Y las libres mañanas horrorosas
Donde la piel recuerda lo que la mente olvida
Y se pretende el huérfano derecho
De recorrer el cloro pálido de llanto seco
El órgano en pausa
El destello sin eco.

Piérdete musa púrpura
En la baldosa oscura de tus tacones uranios
Y estrella tus corales en perpetuo naufragio
Lúxate hasta el mismísimo moño
Y embadúrnate de ostias para calmar el grueso
　retorno.

Allí donde se escurren todas las noches
Tus cárdenos y salados gemelos
Auguran un peor tiempo
Para la vuelta de los tristes decenios
Donde abrir las puertas será el cortejo
De lo que no se cerrará sin tener más que pellejo.

For she was devoted to the eternal ceiling
And that resolved mirror was never to be seen
Instead, the returned blur of a diluted reflection.

And the free, horrifying mornings
Where the skin remembers what the mind forgets
And one pretends the orphan right
Of traversing the pale chlorine of dry weeping
The organ paused
The shining without echo.

Lose yourself, purpureal muse
On the dark tile of your uranium high heels
And crash your corals in perpetual shipwreck
Dislocate even your very hair bun.
And smear yourself with holy hosts in order to calm the thick return.

There, where all the nights drain
Your bruised and salty breasts
Augur a worse time
For the return of the gloomy decades
Where opening the doors will be the procession
Of what won't be closed without having anything but skin.

Delirios (de bajeza)

Veterano cuervo, veterano...
Ahora sí. Bien posado en tus escuálidas patas,
Te has asilado sin reparos en el umbral
Y has derrotado la etiqueta de mi gran farsa.

Porque al tomarlo del pescuezo contra el suelo
Y exprimirle esos ojitos de espanto;
Me supe capaz de triturarlo, degollarlo
Y masticarlo hasta el deleite.

En mis palmas nada se correspondía
Y actuaba el villano escondido entre sábanas
El perfecto asesino que se escabulle en las cuclillas
  gozantes
Y la estirpe inconclusa de ese anónimo que habita.

Regado de mis impulsos,
Y en despojo de mis tormentos
Me vi en la ducha claroscura
Retaceando su ralo monumento
Sin calibrar el corte, ni dejando de ser pleno.

Más, muerto el trance...
La baba seca te pregunta
Y el hedor cárdeno aún te pulula;
Y el pudor escurre entre sollozos y plegarias,
Cuando tú, veterano silente; aún aleteas,
Como esperando...
Como surcando las grietas de mi deshonra morada.

Delusions (of baseness)

Veteran crow, veteran...
This is it. Properly perched on your scrawny legs,
You've taken shelter on the threshold without qualms
And you've defeated the label of my great farce.

Because by grabbing it by the neck against the ground
And wringing those frightened little eyeballs out;
I knew I was capable of crushing it, slitting its throat
And chewing it in delight.

In my palms nothing was corresponded
And the villain acted hidden between sheets
The perfect assassin that scurries away in joyous
   crouching
And the inconclusive lineage of the anonymous who inhabits.

Spurting from my impulses,
And stripped from my torments
I saw myself in the chiaroscural shower
Chopping up his sparse monument
Without gauging the cut, nor ceasing to be thorough.

Moreover, with the trance dead...
The dried up drool asks you
And the purple stench still swarms you;
And modesty drips between sobs and pleadings,
When you, silent veteran; still flap around,
As if waiting...
As if ploughing through the cracks of my purple shame.

Y apurando incólume mis llagas,
Me llevas por las migas, a seguir el rostro de mi olvido
A tantear las hojas espúreas de mis madrugadas fogatas.

Y escondo el tino porque sé de los féretros
Y murmullo en orate balbuceo
El terror de verlos en inventario cuartel de yeso
Apilados, uno a uno... los cuerpos.

Llagas que he acordado no acordarme
Y glácidas pugnas de mis cabelleras ondulantes
Donde veo al padre, al buen hombre... y al hijo,
Ocultando el sereno retiro de las buenas normas. Pase
  usted...

Y tu aleteo es inútil
Pues te tengo del pico como al escuálido mellizo
Y sabes tan bien, que no reparo en dejarte más segundos
  en el tracto...
Allí atorado en mi patio de Adán
Tú y yo nos damos término...
Funestos.

And rushing my wounds unscathed,
You take me to the crumbs, to follow the face of my oblivion
To grope for the spurious leaves of my early morning campfires.

And I hide my good sense because I know about the coffins
And the whispers in deranged babblings
The terror of seeing them in a gypsum quarters' inventory
Piled up, one by one... the corpses.

Wounds that I've agreed not to remember
And flaccid struggles of my ondulating hairs
Where I see the father, the good man... and the son,
Hiding the serene retirement of good manners. Please
  come in...

And your flapping around is now useless
Because I got you by the beak like the scrawny twin
And you very well know, that I've no qualms in leaving you a few more seconds in the tract...
Stuck there in my own Adam's playground
You and I are finished...
You and I, dreadful.

Post Data

Las brisas de la conciencia, secuestran el sueño
Irrumpen sigilosas e hilarantes
Y se desbordan, cual sangre mal oliente de pescuezo en
 matadero;
Y discurren con sus brazos celestes
Entre todos mis rostros, ecce homo.

El redentor se cuela y se planta ante mi piara
Arrimando las sobras entre las pezuñas
Y escarbando mis cerdas, llega hasta los confines del
 delirio,
Para embadurnarme de culpas y flemas;
De destinos ajenos, que se derruyen en pogos silenciosos
Donde el rumor de la basura emerge a cada paso.

Y revolotean en el aire como en una danza:
Los epitafios y las mentiras,
Las máscaras carcomidas de un teatrucho sin sombrero
 mendigo;
Y su culo seco, su culo rechoncho, su culo muerto
Que acogen mi verga esbirra hasta despedir aromas
 taigetos,
Y el espasmo jugoso, batido en sueños
Que hace un coctel del descenso, cual cicuta sin efecto.

Oh, redonda pleitesía del desconcierto
Vigila mi mayúsculo sufrimiento
Y desgarra mi sueño de mayor conciencia.
Llévame a mi vulva más primaria

Post Data

The winds of conscience, they hijack sleep
Barging in stealthy and hilarious
And they overflow like the malodorous blood on a slaughterhouse neck;
And they pass by with their azure arms
Amongst all my faces, ecce homo.

The Redeemer sneaks in and plants himself before my herd
Moving aside the leftovers between the hoofs
And rummaging through my bristles, reaches the confines of delirium,
To smear me in guilt and phlegm;
In foreign fates, that are demolished in silent moshpits
Where the murmur of garbage emerges at every step.

And they flutter in the air as if in a dance:
The epitaphs and the lies,
The worm-eaten masks of a shabby theater without a beggar hat;
And the dry ass, the chubby ass, the dead ass
That embrace my goonish cock until it gives off Taygetian scents,
And the juicy spasm, stirred in dreams
That makes a cocktail of descent, like ineffective hemlock.

Oh, round obeisance of bewilderment
Watch over my enormous suffering
And rip out my dream of greater consciousness.
Carry me to my most primordial vulva

Y arrópame en sus trenzas.
Enjuágame del vilo de la culpa garrapata
Y descose mi abdomen hasta extirparle las más fétidas vísceras
Para embutírmelas de nuevo,
A conciencia de asco y trago de cemento.
Alisa el metro (si llega) de la lápida fresca
Para borrar partida y nacimiento,
E imprime en magro y mórbido epitafio:
"He aquí la piara, muerto el puerco".

And tuck me in its braids.
Rinse me of the precarious tick-like guilt's suspense
And unravel my abdomen until my most fetid entrails are removed
To wolf them down once more,
Conscious of disgust and a gulp of cement.
Smooth out the meter (if it suffices) of the fresh tombstone
In order to erase departure and birth,
And print on meager and morbid epitaph:
"here lies the herd, dead is the pig".

La virtud del vuelo

Conseguimos el paréntesis,
El corchete de carne que envuelve la pared blanca evaporada
Y la resuelve en un naranja tenue que se estira
Y redobla la carcajada hasta hacerla calambre;
Y envalentona la estupidez
Apagando la tecla del ciudadano
Y desvistiendo toda camisa alba y cinturón de preñada.

Sólo esta habitación sabe de lo peludos que aún somos,
De lo retenidas que están las eses en el recto
Y las caídas suspendidas que triunfan en menos de 2/4 de herbívora fantasía.

Los saltos tiroriros,
Los vórtices coloridos,
Los personajes distraídos,
Y los templos momentáneos…
Hacen que todo sea tan vívido,
Todo tan efímeramente majestuoso y sucinto.

La mancha enorme que encadena el ceño con la sonrisa
Y quita el ancla del concreto para emerger lentamente,
Nos hace Respirar artificiales desnudos de asbesto
Y volvemos muy pronto a la carretera y la mañana estropeada
Y esbozamos la sonrisa oculta que recuerda que se salió con la suya

The virtue of flight

We got the parenthesis,
The meat bracket that envelops the evaporated
   white wall
And resolves it in a faint orange that stretches out
And doubles laughter 'til it becomes a cramp;
And emboldens stupidity
Shutting down the citizen's keyboard
And undressing every white shirt and pregnant belt.

Only this room knows how hairy we still are,
About how obstructed our fecesses are in the rectum
And the suspended falls that triumph in less than 2/4
   of herbivorous fantasy.

The tootling jumps,
The colorful vortices,
The distracted characters,
And the momentary temples...
Make everything so vivid,
Everything so ephemerally majestic and succinct.

The enormous stain that chains a scowl with a smile
And removes the anchor from the concrete to slowly emerge,
Makes us Breathe artificial nudes of asbestos
And too soon do we come back to the highway and the ruined
   morning
And we crack the hidden smile that remembers that it got away
   with it

Al rostro guiñapo que concuerda claramente en el espejo
Estando tan fuera de este vacío momento
Como si no se hubieran quitado jamás los pies del suelo.

To the face in tatters that clearly agrees in the mirror
Being so out of this empty moment
As if one had never taken the feet off the ground.

Documento

La exagerada ficción que rasguña la pantalla
Y la escupe de ditirambos...
Todos en fila, y uno más torcido que otro.
La comunión de los extremos,
La codicia de lo regalado,
El corazón de lo efímero,
La silueta de la porquería,
Y el acto transversal del traslado cómico.
Lo aburrido del ocio empaquetado
Y el eco de la sinuosa veleta encallada en la nada del
  océano.
Con mi febril constancia de aparato...

Tengo interruptor, y hasta unidad de medida.
Tengo el desperfecto de oscurecer en las avenidas
Y chapolear bajo el poste más tenue,
En la guarida de la prostituta de harapos y narices
  entumidas.
Tengo escuálidos momentos de cordura
Y una vez despellejado el ritmo, de mis féretros extremos,
No hay tarola que replique mis apurados miembros.

Y cuando exige la gravedad,
Plantarse recto en el umbral sin luna
Extiendo el cheque sudoroso
Empeñando nuevamente mis hombros con todo y patas.
Para empapado, masticado y escurrido
Correr de vuelta en vuelta en la madeja de tu olvido sin
  cintura,

Document

The exaggerated fictions that scratches at the screen
And spits dithyrambs at it...
Everyone in line, and one more twisted than the other.
The communion of extremes,
The greed of the gift,
The heart of the ephemeral,
The silhouette of filth,
And the transversal act of the comical transfer.
The boredom of packaged idleness
And the echo of the meandering float run aground in the ocean's
   void.
With my feverish machinical resolve...

I have a switch, and even a unit of measure.
I have the flaw of dimming on the avenues
And splashing around around the faintest light pole,
In the den of the raggedy prostitute and numb
   noses.
I have emaciated moments of sanity
And once the rhythm flayed, from my extreme coffins,
There is not a snare that can mimic my hasty limbs.

And when gravity demands,
To plant oneself straight in the moonless threshold
I extend the sweaty paycheck
Pawning off my shoulders once again with legs and all.
So drenched, chewed on and drained
Run round and round your waistless oblivion's
   skein.

Tan perfecto diseño de envoltura
Que la soledad de alturas
Despedaza la nostalgia; y te hace gallardo peón
De este ejército eterno que protege cada piedra
De este templo sin motivo
¡Que te excreta!

Ésta colonia usurpada del sueño
Que niega la posibilidad sin pudor,
De alcanzar el sino.

Ésta covacha luminosa que te prohíbe...
Porque si te decantas en una que otra pregunta
Está la nalga apenas decorada
Y el naufragio retumbante de una melodía contracturada
Y el pellote cuadrado de bolsillo y de sala.
Todo bien ganado con la muerte de cuarenta y ocho pelos
    desperdiciados.
Y todos dicen ¡salud! Y arriba las palmas...
Y tu danza insomne agrieta los muros
Del único pabellón que resiste,
El último frente del círculo polar
Que coluda la amnistía con el puño encostrado.

¡Por favor!
No dejes que tomen la última celda
Mantente preso en aquella grave querella
Aquella saliva espesa que siempre cuesta tragar
Y recuerda que otra vez comienza
La procesión de las velas y las llagas.
La caminata entre semillas sin periodo de siembra
    llorada.

Such a perfect wrapper design
That the solitude of heights
Shreds nostalgia to pieces; and makes you a gallant pawn
Of this eternal army that protects every stone
Of this pointless temple
That excretes you!

This usurped colony of dreams
That shamelessly denies the possibility,
Of reaching destiny.

This shining hovel that forbids you...
Because if you decant yourself out in one or two questions
The butt cheek is barely decorated
And the resounding shipwreck of a contractured melody
And the squared peyote in living room and pocket.
All well-earned with the death of forty-eight wasted
    hairs.
And they all go: cheers! And round of applause...
And your sleepless dance cracks the walls
Of the only withstanding pavilion,
The polar circle's last front
That colludes amnesty and the scabby fist.

Please!
Do not let them take the last cell
Stay imprisoned in that grave quarrel
That thick saliva that is always hard to swallow
And remember that once again begins
The procession of candles and wounds.
The promenade among seeds without a sowing period
    sobbing.

01100110 01101001 01101110 00001101 00001010

Desaparezco...
Y con nosotros el girar de los brazos en círculos
Y las sombras juguetonas; maquillaje de apagones.
Las soledades eternas, que crujían sin espanto
Con la oreja pegada a la estación
En la hora sucedánea que pulía el encanto
Y esfumaba en pedazos los delirios.

Y las mañanas que empezaban a bordearse
A los manteles anaranjados,
A los gajos de mandarina,
A la pantalla bicolor —que era racionada—
Costumbre de ancestros imperiales;
Se deshace cual milhojas de vitrina.

Se van también mis pasos pétalos;
Y registro en palmarés discreto:
Un par de vidrios y hongos de zapatilla ajena,
Aquella acrobacia que nos mereció la mejor derrota
Y la distancia aquella entre las piedras
Donde la sombra se diluye para dar paso
Al esférico rodado, agujereado, huevo... mágico.

La mano tarúpida, con registro de hasta siete chispazos
Hacía volar semejantes metros
Nuestros deseos de sábana
Y rosáceo el volcán de astutos y encorvados silencios
Se ha resuelto el goce de los mímicos degollamientos.

01100101 01101110 01100100 00001101 00001010

I disappear...
And with us the spinning of arms in circles
And the playful shadows; blackout makeup.
Eternal solitudes, that creaked terrorless
With the ear pressed against the station
In the substitute hour that polished the allure
And faded delusions in pieces.

And the mornings that began to border on
The orange tablecloths,
The mandarin wedges,
The two-colored screen —that was rationed—
The customs of imperial ancestors;
Dissolves like a millefeuille on display.

My petal footsteps have also gone;
And I record on a discreet honor roll:
A pair of glass panes and someone else's sneaker fungus,
That stunt which deserved us the best defeat
And that distance between the rocks
Where the shadow dilutes to give way to
The rolling spherical, hole-punched, magical... egg.

The numbnuts hand, with a registry of up to seven sparks
Made such meters take flight
Our bedsheet desires
And rose-colored the volcano of cunning and hunched silences
The joy of make-believe throat slittings has been resolved.

Y la certeza de la inocencia, ametrallada
Y la campana de la escuela, saboteada
Y la escritura en contratapa, dinosauria
Y las estrellas de albedrío, asesinadas...
En el firmamento de una céntrica y fluorescente plaza.

Tengo una bandera chiquitita
Que se ha tejido en cada remordimiento.
Y ya sábana de acuático sereno se ha vuelto
Para dividirme en el más mínimo espacio lecho;
En el recodo de algo que no vuelve, ni volverá
  a traer a los viejos.

Ah tigre, prepárate a ser babosa sin lluvia de sierra ni
  balada.
Soy espectro de las miasmas
Navegante de acequia
Ignorante de la sonrisa plena
Y escultor de nadas corpulentas.
Porque se tuvo el coraje de ser —también— asesino...
De uno mismo, de mi otro mismo, y de todos los abismos.
Y escondido, en el umbral de alguna parte...
Rasco mis encías, guardo las cascaras
Y escapo hacia el silencio... de tu aroma... balsa
  náufraga, llévame.

Guardo mis ecos sinceros, y deambulo entre sollozos
Descolgando aún más mis carnes
Ofreciendo joroba a las calles
Y albergando un cauce insensato hacia lo ignoto.
Difuminado, siendo el cable a tierra (pelado)
De una generación que está rendida al resumen
Y al pixel que reemplaza... rebasa... REBASA...

And innocence's certainty, machine-gunned
And the school bell, sabotaged
And the writing on back covers, dinosauric
And the stars of free will, assassinated...
In the firmament of a central and fluorescent plaza.

I have a tiny flag
That has been woven on every remorse.
And bedsheet of aquatic dew has already become
To divide me up in the smallest bed space;
On the bend of something that does not return, nor will it return
   to bring the old-timers.

Oh tiger, prepare yourself to be a slug without mountain rain nor
   ballad.
I am a specter of miasmas
A ditch navigator
Ignorant of the thorough smile
And sculptor of hefty voids.
Because one had the courage of being —also— an assassin...
Of oneself, of my other self, and of all the depths.
And hidden, on the threshold of somewhere...
I scratch my gums, save the peels
And escape towards the silence... of your scent... shipwrecked
   raft, take me.

I save my honest echoes, and wander between sobs
Shaking my flesh off even more
Offering my hump to the streets
And harboring a foolish course towards the unknown.
Diffused, being the cable to ground (peeled off)
Of a generation that has surrendered to summaries
And to the pixel that replaces... overtakes... OVERTAKES...

Y yo amante de mis horribles nadas
Y yo bolero de las cuatro de la mañana
Y yo orín de aquellas esquinas anónimas
Que se derruyen entre vómito y pasta;
Me voy al paredón de los inocentes
A gritar sin mover la boca, en resignada mano al
    bolsillo
Abufandado de nostalgias
Acurrucado a mis papeles
Acongojado de tanto poco y tanta caca,
En cuclillas hacia el rincón sugerente...
Donde sólo observo:
La orgía y sus estruendos,
El derrumbe de lo efímero,
Y el final de los hombros recostados sin pena...
Que da paso al habitante de cuadrícula,
Al degustante empotrado,
Y al comprimido escándalo del buen empaquetado.

Te abrazo, mi amado desaparecido
Mi verdadero fin del mundo,
Y desvanezco en ganas ante las táctiles puertas
Que te ofrecen ventanas en panales, formidablemente iguales
Tal como en 1984 soñaste.

Has vencido universo.
Allá me voy a recostar
Con mis amados ceros
Y mis queridos unos
Mis ceros y unos,
Ceros y unos...

And I, lover of my horrific voids
And I, bolero of four in the morning
And I, urine of those anonymous corners
That are torn down between vomit and crack;
I go to the wall of innocents
To scream without moving my mouth, with resigned hand in pocket
Kerchiefed in nostalgias
Snuggled up with my papers
Grieving of so very little and so much crap,
Squatting towards the suggestive cranny...
Where I just watch:
The orgy and its racket,
The collapse of the ephemeral,
And the end of leaning shoulders without sorrow...
That gives way to the grid's inhabitant,
To the embedded taster,
And the compressed scandal of good packaging.

I embrace you, my beloved missing person
My true end of the world,
And I fade away in urge before the tactile doors
That offer you windows in honeycombs, formidably even
Just like you dreamt in 1984.

You have won, universe.
There I will lay down
With my beloved zeroes
And my dear ones
My zeroes and ones,
Zeroes and ones...

01100101 01110011 01110100 01100001 01101101 01101111
01110011 00100000 01101101 01110101 01100101 01110010
01110100 01101111 01110011 00001101 00001010

01110111 01100101 00100000 01100001 01110010 01100101 00100000 01100100 01100101 01100001 01100100

Foso

¿Qué ha sido la muerte sino un cambio de empaque?
Un destinatario errado en el bolso del emisario;
Que te pone en el féretro,
El escritorio,
Una caja o en el útero infarto del cenicero.

¿Qué paradero más tendrá esta última milla trotada?
Sino es la dársena silente de las siluetas enfermas...
Donde tus alas son espolones
Y tus garras tibios papeles que arañaron una era
  dislocada.

Competencias sin patria,
Abdominales sin vientre,
Costumbre de la danza en frenesí olvidable
Para hacer del sermón una querella ahogada en la
  vereda.

Dónde te has ido a hacer más que un cadáver
Sino es al lado pútrido de la autopista
Donde corre la auténtica pelea
Que no es sino el encontrarse un nicho
Para ver si hay suerte de oler a podridos narcisos.

Cómete la tierra de gusto,
Porque no hay sabor más fresco.
Tómate la sangre y envenena cada vínculo de tu seso
Pues no hay mayor cáliz que el saberse sólo dueño de un
  féretro
Inquilino de una caja, invasor de un hueco.

Ditch

¿What has death been but a change of packaging?
A wrong recipient in the messenger's bag;
That places you in the coffin,
The desk,
A box or the uterine infarction of the ashtray.

What other stop will this last jogged mile have?
Fate is the silent dock of the diseased silhouettes...
Where your wings are spurs
And your claws lukewarm papers that scratched a dislocated
  age.

Competitions without homeland
Abs without a belly,
The custom of dance in a forgetful frenzy
To make of the sermon a quarrel drowned on the
  sidewalk.

Where have you gone to make more than a corpse
Fate is at the putrid side of the highway
Where authentic struggle runs on
That isn't but the finding of a niche
To see if we're ever so lucky to smell the rotting daffodils.

Eat the dirt with gusto,
Because there isn't a fresher flavor.
Drink the blood and poison every connection in your brain
Because there is no greater chalice than the knowledge of being
the sole owner of a coffin
Tenant of a box, invader of a hole.

INDEX OF POEMS

El rostro del rostro 28
The face of the face 29

Credo 32
Creed 33

NémA 34
NemA 35

La muerte de marzo... 38
The death of March... 39

Oficios 42
Professions 43

Te Deum 46
Te Deum 47

Vómito de Remo 50
Remus's Vomit 51

Susurros negros 54
Black whispers 55

Lánguido 58
Languid 59

Correspondencia al ser 60
Correspondence to being 61

La balada insomne 64
The sleepless ballad 65

Gruta azul (el silbido de las grietas) 70
Blue grotto (The hiss from the cracks) 71

Delirios (de bajeza) 74
Delusions (of baseness) 75

Post Data 78
Post Script 79

La virtud del vuelo 82
The virtue of flight 83

Documento 86
Document 87

01100110 01101001 01101110 00001101 00001010 90
01100101 01101110 01100100 00001101 00001010 91

Foso 98
Ditch 99

ABOUT THE AUTHOR

Jonathan Estrada (Palomino city, Lima. 1984); after passing through the Faculty of Economic Sciences at the National University of San Marcos (UNMSM), he published his first collection of poems, *Solobones* (2008) followed by *Palabra de Occiso* (Word of the Deceased, 2014). He has also ventured into the musical field with the albums: *Endechas* (2013); *Ruma* (2016), *El fin de la Infancia* (The end of Childhood, 2019) and *Dársena* (EP, 2020), and has performed in different venues and cultural centers in Lima. He musicalized the plays *A-LAS de Lata (electric version)*, *Niebla, El soldado y la Muerte*, and *Entreluz* by Hildy Quintanilla, and toured with the MASHARA theatre company in presentations in Uruguay (Perimetral Theater Festival, 2016) and Argentina. Along with Stefani Acosta, he was one of the founders and managers of the CASA FELA cultural center (2017-2019) in the Historic Centre of Lima, where he hosted music, poetry and theatre performances, as well as all kinds of collective events. He currently wanders around and listens to the city and the outskirts of Lima...

ABOUT THE TRANSLATOR

Gustavo Gómez Yamasaki (Lima, 1984), is an Anthropologist graduated from the University of Texas at Arlington (UTA) with a Bachelor of Arts in Anthropology and a minor in History. He has worked as a freelance translator for over 5 years and his work has been featured in the *México Inside Out: Themes in Art Since 1990* exhibition catalogue for assisting in translations at the Modern Art Museum of Fort Worth. He lives and works in Lima, Peru. This is his first published translation.